Mario Cerrone

# VOM INSOLVENTEN ZUM ERFOLGREICHEN UNTERNEHMER!!!

Mario Cerrone

# VOM INSOLVENTEN ZUM ERFOLGREICHEN UNTERNEHMER!!!

## ENTSCHEIDUNG ERFOLG ZIELE

Trainerverlag

**Imprint**



Cover image: Vom Autor bereitgestellt

Publisher:
Der Trainerverlag
is a trademark of
International Book Market Service Ltd., member of OmniScriptum Publishing Group
17 Meldrum Street, Beau Bassin 71504, Mauritius
Printed at: see last page
**ISBN: 978-620-0-76887-2**

Vom insolventen zum erfolgreichen Unternehmer mit 3 Firmen

# Die Magie meines Erfolges

**Entscheidung, Erfolg & Ziele**

**DANKE!** Es ist mir eine Freude, dass ich für dich hier schreiben darf. Es ist das erste Mal, dass ich mein eigenes Buch schreibe und damit zu deinem Erfolg einen Beitrag leisten darf.

Mein Name ist Mario Cerrone, ich bin 49 Jahre jung, habe eine Tochter und bin in Deutschland geboren und aufgewachsen. Ich bin gelernter Reiseverkehrskaufmann. Später habe ich mich weiter qualifiziert zum zertifizierten Personenschützer. Ich gründete meine eigene Sicherheitsfirma im Personenschutz & hochwertigen Alarmanlagenverkauf mit Einbau.

Meine Eltern kamen in den Anfang der 60er als Gastarbeiter, damals hieß das so. Wir durften eine tolle Kindheit genießen und dafür bin ich meinen Eltern sehr dankbar. Mein Vater, der leider 2014 verstorben ist, war mein Geist, mein Manager und mein Mentor. Nach seinem Tod musste ich lernen mich neu zu orientieren. Natürlich vermisse ich ihn sehr. Mein Vater kam mit 17 Jahren nach Deutschland, mein Opa war schon ein Jahr vorher in Deutschland. Zuerst musste er die deutsche Sprache erlernen, musste sich integrieren und kaufte sich mit seinem ersten Lohn deutsche Bücher und lernte die Sprache Deutsch (Schwäbisch).

Nun konnte er seine Karriere in Deutschland starten. Er fing klein an, in der Holzverarbeitung hier in dem Ort, wo ich groß geworden bin. Er war gelernter Elektriker und hat sich Ziele gesetzt, er wollte nicht nur klein verdienen. Er hat es geschafft bis zu seiner Rente bei einem Autohersteller in Stuttgart im IT Bereich zu arbeiten im Rechenzentrum. Er war ein großes Vorbild, als Gastarbeiter gekommen und als Führungskraft in Rente gegangen.

Es könnte passieren bzw. sein, dass eine Person diese Zeilen liest und Dinge denkt wie z.b. „Ohh mein Gott, das ist sehr unangenehm. Ich werde durchaus den „FINGER in die Wunden legen"! Wahre und dauerhafte Leistung ist ein Ereignis aus Freude, Anpassung und Lust. Zufriedenheit und Herausforderungen kommen hinzu.
Vermutlich bin ich einige Jahre älter als die meisten Menschen, die mein Buch lesen werden.
Es gab Höhen und Tiefen, ich lernte nie und niemals aufzugeben. Ich durfte lernen was wahre Freundschaft bedeutet und wie schnell Geld auch mal weg und wieder da sein kann.

2007 begann meine Selbständigkeit, 13 Monate gab ich Gas, musste schnell bemerken in diesen 13 Monaten, die Verzweiflung der Misserfolg aber trotzdem noch das Ziel vor den Augen zu haben und nie aufzugeben und weiterhin Gas zu geben. Der Erfolg kam im 14. Monat, dazu später noch ein paar Worte.

Im Laufe der Jahre machte ich die Erfahrung, dass es eine „Magie des Erfolges" gibt. Magie, damit meine ich: grundlegende Zustände des Erfolges und ebenso grundlegende Gesetzmäßigkeiten zur Verbesserung. Es ist dabei gar nicht wichtig, ob du bis heute von diesen Entscheidungen, Zuständen des Erfolges und den Gesetzmäßigkeiten zur Verbesserung wusstest. Entscheidend ist, dass du diese Zustände des Erfolges heute durch mich kennenlernen, und bereits morgen damit beginnen kannst, diese Zustände in dein Leben zu integrieren.

Beginnen wir mit Motivation, weil es mit deiner Kaufentscheidung für dieses Buch zu tun hat. Du hast dieses Buch gekauft, weil du einen ganz bestimmten Mehrwert haben möchtest. Irgendetwas zum Thema Reichtum oder Erfolg, bewegt dich also, und das wiederum war der Grund des Kaufs. „Kunden kaufen nur von Siegern!"
Was genau nun ist die Kraft, die aus Menschen Siegertypen macht? Zunächst eine Definition aus dem Duden, das große Wörterbuch der deutschen Sprache, zu Motivation.

„Gesamtheit der Beweggründe, Einflüsse, die eine Entscheidung, Handlung oder ähnliches beeinflussen, zu einer Handlung anregen".

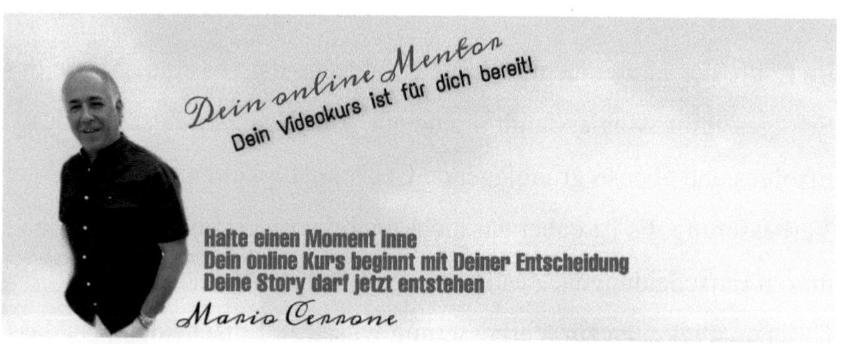

# →Die Magie meines Erfolges!

Die erste und wichtigste Voraussetzung ist deine Entscheidung. Du triffst die Entscheidung einen anderen Weg zu gehen als die meisten in deinem Umfeld. Diese Entscheidung wird nicht einfach sein und du wirst viele Steine, wenn nicht Berge vor dir sehen auf dem Weg zum Erfolg. Viele aus deinem Umfeld werden dich auslachen, werden dich anlachen und werden auch zu dir sagen, was soll dieser Sch****** bist du jetzt ein Geschäftsmann? Oder diese Aussage ist auch Mega: „Wie, du hast doch nicht studiert, du hast doch nur Hauptschule.“ Das sind die Worte die ich mir damals 2007desöfteren anhören musste, bis der Tag X kam.

Ich hatte mir zuvor ein schwarzes Buch gekauft und habe mir die Namen, Datum, Uhrzeit und Stichwörter reingeschrieben, was gegen meine Selbständigkeit gesagt wurde.

Als der Erfolg sichtbar wurde, waren die ersten die sich bei mir meldeten, genau diese Leute die gegen meine Selbstständigkeit gesprochen, ja sogar gelästert haben.
Ich konnte aber ganz gut kontern bei diesen Menschen und meine Antwort, die wusste ich schon.

Je erfolgreicher du wirst, desto mehr Neider wirst du haben und die werden auch versuchen dein Business schlecht zu reden.

Beispiel Instagram:
ich hatte in 5 Jahren mir einen Instagram Account aufgebaut, der bis zum Zeitpunkt Mai 2020, 16000 Follower hatte. Dieser Account wurde von heute auf morgen von Instagram deaktiviert Begründung ich hätte gegen die Richtlinien von Instagram gearbeitet.

Auf diesem Account sind sehr viele Promis gewesen, aus Italien und langsam auch aus Deutschland und ich wundere mich, diese Aussage von Instagram ist automatisiert und das muss nicht stimmen. Daraufhin habe ich mir einen neuen Account gemacht. Ich habe natürlich auch widersprochen, aber es brachte nichts, ich musste nachweisen, dass ich der echte Mario bin, habe ich auch gemacht, mit Ausweis mit Rechnungen mit Gewerbe, alles was ich schicken konnte, habe ich getan. Ich musste den Kontakt über Facebook aufnehmen, da Instagram keinen eigenen Support hat. Es antwortete mir ein Ahmed und meinte, ich solle den Code, den er mir geschickt

hat, auf ein Blatt Papier schreiben, meinen Vor- und Zunamen, meinen Usernamen bei Instagram und ein Selfie machen.
Ihm alles per E-Mail zusenden. Natürlich habe ich das getan und bis heute warte ich auf Antwort. Ich habe dann weitere Instagram Account eröffnet und ich wurde immer wieder deaktiviert. Nun bin ich beim fünften Account bei Instagram und hoffe, dass ich jetzt nicht wieder deaktiviert werde. Jeder neue Account wird deaktiviert mit derselben Begründung und ich denke, es muss jemand sein, der direkten Zugang hat bei Instagram, einen Ansprechpartner hat, ein Coach oder ein Mentor, dem ich nicht passe. Wie sonst ist das möglich, dass mein neuer Account immer wieder deaktiviert wird.

Du merkst, es gibt immer wieder Neider im Business und auch im eigenen Umfeld!

Du merkst in diesem Buch ist es anders als in anderen Büchern. Ich werde immer wieder Beispiele bringen von Berühmtheiten und dazu meine Geschichte, meine Story.

Viele Menschen haben viele Ziele. so wie Charlie Brown, ein bekannter und gefeierter Schriftsteller werden wollte, so wollen viele Menschen das ein oder andere persönliche Ziel erreichen, dann jedoch tun diese Leute nichts und nichts passiert. Diese Leute senden kein Manuskript ein, sie belassen es bei einem Ziel und wundern sich, wieso eine Absage nach der anderen kommt. Machen wir es besser, machen - mach du es besser.
Wenn du ein erfolgreicher Unternehmer werden möchtest dann solltest du dir die wichtigsten Punkte aufschreiben, die für dich und für dein Business und für deinen Erfolg wichtig sind.
Schreib ein Manuskript für deinen Erfolg.

Beispiele:
Ein Schriftsteller kann ein Buch schreiben, wenn er ein Manuskript schreibt. Ohne ein Manuskript, kann kein Schriftsteller ein Buch herausbringen.

Ein Koch kann ohne Manuskript beziehungsweise Rezept nicht kochen, weil, wenn er das wieder kochen möchte/ sollte/ muss, weil die Kunden sehr zufrieden waren, muss er wissen, welche Zutaten er genommen hat und bei welcher Temperatur etc. er gekocht hat.
Ein Unternehmer muss immer vorbereitet sein auf den nächsten Schritt, den er tun will. Wenn ich im Online Marketing tätig bin, muss ich wissen, wo poste ich, was poste ich, welches Klientel möchte ich erreichen. Welche Mitarbeiter oder Teampartner möchte ich haben, das sind die Punkte, die ich mir vorher erarbeiten und aufschreiben muss. Ohne dieses Werkzeug kann ich kein erfolgreicher Unternehmer werden und somit die Magie des Erfolges nie erlangen.

Gehen wir nochmal zu meiner Story zurück in das Jahr 2007, damals musste ich 13 Monate hart kämpfen. Ich war sehr viel unterwegs, um meine Agentur erfolgreich zu machen. Musste viel LEHRGeld bezahlen und hatte zu wenig Erfahrung!

Es war nicht so einfach wie heute mit Internet, Facebook und allen anderen Social Media Kanälen.

Und feste Termine zu haben, musste ich mir etwas überlegen. Die IDEE war plötzlich da, ich lasse mir von einem Callcenter Termine machen. Doch trotzdem verdiente ich soviel, um die Fixkosten monatlich zu bezahlen (es blieb
nichts zum Leben übrig). Doch dann kam der 14. Monat im Jahr 2008 und ich konnte den Durchbruch spüren!

Die erste fünfstellige Provision nach 14 harten Monaten war für mich gigantisch und der Erfolg war plötzlich da. Jeden Monat wuchs der Umsatz → ich hätte vor Glück schreien können. Es war kein GLÜCK, es war harte Arbeit (immer an mich selbst geglaubt)!

Ich hatte schon in dieser Zeit nachgedacht ein zweites Unternehmen zu gründen, um die Sicherheit zu haben, hatte es aber nie getan. Dass sollte sich bald rächen und es kam wie es kommen musste als unerfahrener Unternehmer.

Die Pleite kam → Dann kam der Tag - der Tag ich werde es nie vergessen. Es kamen keine Provisionen mehr, kein Geld ging mehr ein. Nichts kam herein. Ich hatte ein Unternehmen mit 32 Mitarbeitern und ich musste schauen, dass ich diesen Mitarbeitern natürlich den Gehalt, den Lohn bezahlte - natürlich aus eigener Tasche! Mein Betrieb ging immer mehr ins Minus. Ich musste lernen, dass ich Fehler gemacht habe. Ich habe zu viel vertraut und nicht genügend abgesichert. Dieses Vertrauen hat mich mein Unternehmer gekostet. Ich verlor alles, mein Geschäft, meinen Porsche (Leasing), meinen Mercedes (Leasing) meine Uhren die Rolex und meine Partnerin. Dann verstarb mein Vater, meine Cousine, meine Tante - ich hatte in diesen 2 Jahren einen Todesfall nach dem anderen. Ich rede hier von mehr als 14 Personen. Es ging nur bergab und ich dachte, was ist passiert!?

Ich wusste nicht mehr wohin!!!

Ich entschloss mich eine Beratungsstelle zu kontaktieren und bekam die Antwort, ich sollte Unternehmer Insolvenz anmelden und das so schnell wie möglich, was ich dann auch tat. Ich musste lernen mit nichts auszukommen. Ja ich musste wieder arbeiten gehen, ganz normal als Angestellter. Von meinem Gehalt ging der pfändbare Betrag natürlich ab. Somit lebte ich 6 Jahre lang mit 1000€ jeden Monat und nicht mehr. In dieser Zeit hatte ich einen sehr guten Insolvenzverwalter, weil es eine Unternehmer Insolvenz war.
Ich entschloss zusätzlich freiberuflich nebenbei zu arbeiten, um mir ein paar Euro dazu zu verdienen.
Ich fing an mir ein zweites Standbein aufzubauen. Was nun geschah, es ist unglaublich, nach 2 Jahren Insolvenz bekam ich, da ich über

eine Zeitarbeitsfirma gearbeitet habe, die Kündigung. Die Firma hatte Kurzarbeit angemeldet und somit musste ich wieder schauen, wie es weiter geht. Ich hatte keinen Mentor zu dieser Zeit, ich hatte niemanden der mich unterstützen konnte. Freunde gab es, aber nur einer konnte mir ein wenig helfen.

Ich hätte anfangen können zu jammern und alle sind schuld, nur ich nicht. Das ist die häufigste Antwort von Menschen, die nichts leisten wollen, die sich nicht verändern wollen.

## Das Jahr 2015 war voller Überraschungen im positiven aber auch im negativen Sinne!

***DIE ENTSCHEIDUNG!!!***

Ich nahm den Anlauf im Network Marketing und neu aufzubauen - erfolgreich zu werden.

***DER ERFOLG!!!***

Der Erfolg ließ nicht lange warten, weil ich Tag für Tag mit sehr vielen Menschen über die Produkte redete. Glaub mir, ich habe richtig Gas gegeben und erreichte eine Stufe nach der anderen im Network Marketing!!!

Wie funktioniert Network Marketing (Direktvertrieb)?
Du bekommst deine eigene Seite von dem Unternehmen mit einem RefLink. Der RefLink dient dem Network Unternehmen um zu wiesen, bei wem haben sich neue Partner eigetragen und wieviel Umsatz hat er den gemacht.

***Beispiel:***

Du registrierst 60 Menschen mit deinem RefLink ein. Davon arbeiten wirklich 16 Menschen. Von diesen 16 Menschen die ihr Leben verändern wollen, tun dasselbe wie ich. Sie bringen wiederum neue Leute (Partner) ins Team. Einer hat 20 neue Interessenten gebracht, ein anderer 10, der nächste 5 und so weiter. Am Schluss hast Du im Team über 500 Leuten die dir dein passiven Einkommen bringen. So ging es mir im Network Marketing oder auch Direktvertrieb auf deutsch gesagt.

Es hört sich wenig an, aber für mich war das ein Erfolg, ich wusste was ich vorher hatte und ich wusste was ich in Zukunft haben werde. Ich hatte immer an mich geglaubt.

***ZIELE!!!***

In meinem Kopf war nur ein SATZ!
Ich werde nach meiner Insolvenz noch besser als vorher!!!

2016 kam mir die Idee den „***Club der Networker Elite***" zu gründen. Zu diesem Zeitpunkt war ich nicht so bekannt auf Facebook, in Social Media. ich hatte den einen oder anderen Follower, aber nicht so berühmt wie heute.

Im Mai 2016 gründete ich den „***Club der Networker Elite***" und hatte richtig Erfolg damit.

Erfolg, Wohlstand & Freiheit
ENTSCHEIDUNG + ERFOLG + ZIELE

Da ich ausgebildeter zertifizierter Personenschützer bin, hatte ich im Jahr 2010 mich in dem Bereich Personenschutz, private Ermittlung fokussiert und gearbeitet. Diesen Betrieb habe ich 2016 gewinnbringend mit über 300 Kunden verkauft.

Januar 2017 begann ich meinen „***Club der Networker Elite***" aufzubauen und dies zu meinem Hauptberuf zu machen. Der Club wuchs und wuchs und der Umsatz stieg und immer mehr Networker kamen, um sich Tipps zu holen. Meine Veranstaltungen waren immer ausverkauft. Natürlich wollten viele kommen, da es etwas anderes war als die üblichen Veranstaltungen von anderen. Meine Events waren immer in gehobener Klasse, wollte damit bezwecken, dass meine Gäste auch fühlen wie das ist, wenn man viel Geld hat und wie man beobachtet wird von anderen Menschen.

Mein Fotograf (Paparazzi) war natürlich immer vor Ort und knipste und machte Fotos, somit konnten meine Kunden auch die Erfahrung machen, wie es ist im Blitzlichtgewitter zu stehen, wie es ist, vor meiner Pressewand zu stehen und Bilder von sich machen zulassen, wie VIP! Das war natürlich das Highlight.
Die Anfragen stiegen, somit auch mein Preis und somit konnte ich mich auch bekannter machen. Mein ***„Club der Networker Elite"*** und mit Mario Cerrone Akademie sind speziell im Bereich Social Media Branding und Mentoring für jede Person zuständig.

Heute kann ich sagen, dass ich sehr zufrieden bin mit meiner Entscheidung. Ich kann dazu beitragen Unternehmen bekannt zu machen und die Mitarbeiter zu motivieren. So habe ich meinen Club der Networker Elite weiterentwickelt. Es sind 2 Parts, Club der Networker Elite und Mario Cerrone Akademie.

Mein neues Portal - Mentor ***http://online.mario-cerrone.com*** hier werden viele Schulungen online sein, durch die Corona Zeit habe ich diese Seite entwickelt und somit kann jeder, von zu Hause aus, sich weiter motivieren, weiterentwickeln und sich weiter Schulen lassen. Diese Arbeit macht mir sehr viel Spaß, denn hier unterstütze ich Menschen, die sich verändern wollen.

Als Mentor/ Trainer begleite ich jede einzelne Person zum ZIEL. Diese Aufgabe habe ich mir selbst gestellt und sie bereitet mir sehr viel Freude. Es ist für mich die Erfüllung - ist mein Kunde erfolgreich und zufrieden, bin ich es automatisch auch.

Es wird auch wieder Events geben, indem der Auftritt für jeden eine Herausforderung sein wird. Mein Fotograf wird dabei sein und Fotos von jedem Teilenehmer machen und vieles mehr.

Im Oktober 2019 habe ich mein neues Network Marketing bei PM International gestartet!
PM International, die Produktlinie FitLine brachte mich zu einem neuen Start im Direktvertrieb.
Hast du ein Ziel erreicht, setze dir neue Ziele!

Ich wollte wieder an die Front, nicht mehr auf der Bühne stehen.

Das Buch heißt: Vom insolventen Unternehmer zum erfolgreichen Unternehmer.

Dieser Titel soll dir zeigen, dass du nie aufgeben sollst, weil es gibt immer eine Möglichkeit, aus jeder finanziellen Misere herauszukommen.

*Die drei Worte, die dein Leben verändern können!*

# Entscheidung, Erfolg, Ziele

Entscheidung bedeutet - du hast dich entschieden dein Leben zu verändern.

Du möchtest dich selbständig machen. Wenn du dich entschieden hast und du das tust was dir deine Upline (Betreuer, nenne ich lieber), dein Mentor sagt, kommt der Erfolg!

Folge jemanden, der den Weg kennt erfolgreich zu werden. Wenn du dann Erfolg spürst, wirst du deine Ziele erreichen. Sobald du diese Ziele erreicht hast, setze dir neue Ziele.

Du möchtest durchstarten, dann musst du im Kopf aufhören nachzudenken wie Erwachsene, denke mal wie ein kleines Kind. Wenn das Kind einen Ball sieht, was tut das Kind? Es läuft zum Ball hin. Was machen wir Erwachsenen?
Wir überlegen, wem gehört dieser Ball? - wir überlegen zu lange - wir treffen keine Entscheidungen! Unser Leben ist sehr kurz, du musst dir unser Leben vorstellen wie eine Batterie, die voll mit Energie ist. Wir sind aus Energie entstanden und diese Energie in dieser Batterie wird immer weniger. Sobald sie leer ist, sind wir nicht mehr auf dieser Erde. Und wie willst du dir dieses Leben gestalten? Willst du weiter so leben wie du heute lebst oder willst du erfolgreicher Unternehmer sein?

Willst du weiterhin im Geldbeutel schauen, ob du dir das leisten kannst, wenn du dir etwas kaufen möchtest!?

Dafür gibt es einen ganz wichtigen Satz!

## TRÄUME NICHT DEIN LEBEN, LEBE DEINEN TRAUM!

Ein gutes Beispiel dafür, dass man erst lernen muss mit Erfolg und Geld umzugehen, sind Lottomillionäre. Es gibt keine exakten Zahlen, aber die meisten sind im Durchschnitt nach 7 Jahren wieder Pleite, weil sie nicht mit dem gewonnenen Geld umgehen können. Sie haben das Geld bekommen und hatten keine Zeit, keine Möglichkeit, sich selbst weiterzuentwickeln. Geld ist nur ein Resultat oder die Folge einer oder mehrerer guten, sehr bewussten Handlungen. Dahinter steht immer eine Persönlichkeit mit inneren Werten, deren höchster eigener Wert in der Regel nicht das Geld ist.

Merke, ich war pleite, ich hatte nichts und bin trotzdem wieder hochgekommen.
Ich habe gekämpft und habe es innerhalb der letzten 5 Jahre geschafft wieder erfolgreich zu werden, erfolgreicher als vorher.
Mittlerweile bin ich selbst Mentor, ob die Online Marketing Schule Mario Cerrone Akademie und „Club der Networker Elite“ wir unterstützen jeden, egal aus welchem Bereich, egal bei welchem Unternehmen du bist!

---

→→→ ***Network Marketing (Direktvertrieb)***

- wir schaffen Netzwerke
- wir erweitern diese kontinuierlich
- wir erhöhen die Produktivität innerhalb dieser Netzwerke
- fairste Branche auf dieser Welt
- jeder kann es schaffen und erreichen erfolgreich zu werden

**Network Marketing basiert auf 2 wesentliche Aspekten:**

**→ Das sind solche Ausreden die man tagtäglich hört.**

- ich habe keine Zeit
- ich habe kein Geld
- ich muss arbeiten
- ich habe keine Kontakte
- ich bin nicht berühmt so wie du
- ich habe kein Glück so wie du
- meine Frau oder mein Mann ist dagegen

**→ Wo liegt deine Herausforderung?**

- du musst bereit sein für Veränderung
- du möchtest nicht mehr so weiterleben wie du jetzt lebst
- du möchtest mehr Zeit für deine Familie haben
- du möchtest viel Urlaub machen
- und du möchtest endlich mal Geld verdienen - richtig Geld
- deine Ziele erfüllen deine,Wünsche erfüllen

Und das alles zu erreichen musst du Opfer bringen, musst bereit sein auf viel Freizeit zu verzichten. Am Anfang, ich sage immer am Anfang, wenn man etwas beginnt, muss man es annehmen wie eine Ausbildungszeit, wie ein Studium. Erfolg braucht seine Zeit!
Von heute auf morgen kannst du nicht erfolgreich werden. Das ist oft ein langer und harter Weg.

TUE etwas für deine Zukunft und ändere deinen Lebensstil, nur so kannst du erfolgreich werden. Du musst damit beginnen. Es ist allein deine Entscheidung!

TUN ist das Wort und TUN ist die Macht!
Wer nichts tut, kann auch nichts erreichen!
Wenn du deine Ziele verfolgst, kannst du erfolgreich werden.
Erfolgreich sein heißt-sich bestätigt fühlen-sich Dinge zu leisten, die bisher ein Traum oder ein Ziel waren.
Erfolg kommt nicht von ungefähr →ein guter Coach/ Mentor kann dir dabei helfen. Vielleicht sagst du dann auch, wie viele andere, gut dass ich Mario Cerrone kennengelernt habe und seinem Coaching vertraut habe. Denn Vertrauen, auch Vertrauen in dich selbst, ist eine wichtige Voraussetzung für Erfolg!

Dieses Buch soll dir zeigen, dass ich den Mut hatte eine „**Entscheidung**" zu treffen.
Ich habe eine Agentur gegründet mit dem Ziel erfolgreich zu werden.
Nach 13 Monaten harter Arbeit stellte sich erst der erste Erfolg ein.

Ich war sehr erfolgreich, aber es war immer harte Arbeit, viel Ausdauer und Energie notwendig.

Wichtig ist aber auch sich mit den richtigen Menschen zu umgeben. Ehrliche und zielstrebige Menschen unterstützen dich. Ich habe damals den falschen Leuten vertraut und die Pleite meiner Agentur war die Folge. Ich musste Insolvenz anmelden.

Trotzdem habe ich gekämpft. Immer nach vorn geschaut und mir geschworen, du wirst noch besser wie vorher!

Ich bin sehr glücklich, dass ich diesen Weg gegangen bin. Ich bin heute sehr erfolgreich und du liest mein erstes Buch!
Dafür bin ich sehr dankbar und sehr stolz!

Unsere Zeit ist nicht endlos, unsere Zeit wird vergänglich sein und ist vergänglich, darum Kämpfe jetzt für deine Ziele!
Um jeden Monat mehr Geld zu haben als Tage.

**Kämpfe für deine Ziele- Kämpfe für deinen Erfolg- Kämpfe für deine Unabhängigkeit!**

# Kämpfe jetzt, nicht morgen!

Was Passiert, wenn du es einfach nicht schaffst?

**Du hast einen Plan, der will nicht funktionieren?**

*Dann bist DU schon das Opfer deiner eigenen Manipulation geworden!*

*Um das herauszufinden musst du jetzt deinen Block auf den Tisch legen und ganz genau analysieren, was dein Problem ist und warum es nicht funktioniert.*

*Zweck und deine Intention müssen jetzt klar sein!*

### → Fehler, die DU bei deiner Zielsetzung nicht machen darfst!

1. Ein kleines Ziel – Ein Ziel, von dem du denkst, dass es viel zu groß ist , ist immer zu klein. Verdopple oder verdreifache es!
2. Ein Ziel, dass nicht von dir ist und nicht dein eigenes ist!
3. Ein Ziel, dass von dir benutzt wird, um dich mit anderen Networkern (Unternehmer) zu vergleichen!

### → Erhöhe deinen Einsatz, dann erreichst du dein Ziel.

Du musst sehr viel Einsatz einbringen, um DEIN Ziel zu erreichen. Das solltest du immer im Kopf haben.

Mach dein Ziel niemals kleiner, falls es sich in diesem Moment zu groß anfühlt.

Entscheide dich und du wirst Erfolg haben!
Der Club der Networker Elite wird dich dabei unterstützen. Egal woher du kommst und was du bisher in deinem Leben gemacht hast!

## → Träume nicht dein Leben, lebe deinen Traum!!!

## → **Erfolgreiches Selbstmarketing!**

Hier geht es um die Kommunikation und Selbstdarstellung! Wa können wir aktiv tun , um sichtbar zu werden und uns erfolgreich im Business zu positionieren? Mein Motto ist Frei zu reden. Ob im Verkaufs- oder Mitarbeitergespräch, bei Bühnenauftritte, vor der Kamera oder mit Kunden, wir alle wollen eine positive Wirkung

erzielen. Wie erreiche ich das? Wie wirke ich authentisch, überzeugend und selbstsicher?
Das zeig ich dir in meiner Online Mentoring Seminar. Da wird dir Tipps, passende Lösungsvorschläge und individuelle Analyse erstellt.

# DEINE

# INNERE

# EINSTELLUNG

# FÜR ERFOLG

**Hast du dir schon einmal die**

**Frage gestellt, warum andere immer öfters Chancen im Leben haben, Glücklicher sind und das bekommen , was Sie wollen?**

**In meinem Buch geht es auch darum, wie du mehr Chancen im Leben bekommst, wie du deine Gedanken bereit dafür machst um Erfolg überhaupt zu haben bzw. zu bekommen!**

Während wir Menschen heranwachsen, wird uns eingeredet, dass wir niemals Fehler begehen dürfen.
In der Schule aber auch schon vorher, im Kindergarten hören wir oft;

*Pfui... !!!*

*Was machst du da???*

*Du darfst das nicht machen!*

*Fehler machen ist schlecht für deine Zukunft!*

## Warum du keine Angst haben darfst

Hast du dich auch schon mal dabei erwischt, Dass du dir ein richtiges großes Ziel gesetzt hast und kurz darauf dachtest:
„Ach nee, dass ist doch zu groß. Lieber etwas kleineres.
Wir Menschen neigen dazu, den einfachsten und realistischen Weg zu gehen. Wir setzen uns kleine Ziele, weil wir riesen Angst davor haben, die großen Ziele nicht zu erreichen.

Scheitern schmerzt. Das negative Gefühl wurde uns so anerzogen. Negative unbeschränkte glaubensätze, die sich in deinem Kopf festgesetzt haben, wollen dich davor beschützen, dieses miese Gefühl des Scheiterns zu erleben. Doch ohne Fehler geht es nicht!

Scheitern oder Fehler machen gehört zum Leben. Daraus lernen wir dieselben Fehler nicht mehr zu machen.

## Nobody is Perfect !!!

Wenn du es zulässt, negativen Gedanken dich bremsen, und dir einredest, dass du nicht der Mensch sein kannst, der du sein möchtest, dann belügst du dich selbst!
In Wahrheit bist du nur so erzogen worden, dies zu glauben.

**Lösche diesen Gedanken aus deinem Kopf!**

# DER WEG ZUM ERFOLG

**Sehr wahrscheinlich hast du auch Ziele und dein Traumleben noch nicht erreicht. Vielleicht weil du noch nicht weißt, was du möchtest oder wie ist deine Bestimmung – hast du Sie schon gefunden.**

**Vielleicht kennst Du auch die Konkreten Schritte noch nicht, die du gehen solltest bzw. musst, um deine Ziele zu erreichen. In diesem Buch erfährst du, wie du dein Leben so gestalten kannst, dass jeder Tag sich anfühlt wie ein Besuch in einer anderen Welt.**

## VIER TIPPS GEBE ICH DIR HIER ALS BONUS!

1. **Atme drei bis viermal langsam ein und aus!**
2. **Halte den Atem nach jedem Einatmen drei Sekunden lang an!**
3. **Balle Deine Hände zu Fäusten und halte sie ein paar Sekunden ganz angespannt. Du kannst auch den ganzen Körper anspannen, alle Muskeln, die du bewusst steuern kannst!**
4. **Löse die Spannung!**

# ENTSCHEIDUNG, ERFOLG & ZIELE

# Event 2018

# MIT STOLZ VOR MEINER PRESSEWAND 2018

# Erstes Ziel erreicht!

# Schlusswort

**Da du dieses Buch liest, gehörst du zu den wenigen Menschen, die sich mit ihrer Zukunft und ihrem Erfolg auseinandersetzen.**

**Du hast die Fähigkeiten, Dein Leben In die Hand zu nehmen.**

**Du verfügst über ganz besondere stärken, besondere Erfahrungen und eine einzigartiges Mindset.**

**Wenn du fest an deine Vision, an deine Ziele und an dich selbst glaubst, kannst du es schaffen ein Leben im Überfluss und erfolgreich zu Leben.**

**DEIN**
**Mario Cerrone**

**Autor**

**Unternehmer / CEO / FOUNDER**

## *Club der Networker Elite*

Eine Marke der Mario Cerrone Akademie

www.mario-cerrone.com
www.mario-cerrone.de
http://mentoronline.mario-cerrone.com

Email. info@mario-cerrone.com
Event: booking@mario-cerrone.com

**Mario Cerrone**

## Die nächsten Events sind geplant für 2021

## Inhaltsverzeichnis

Printed by Books on Demand GmbH, Norderstedt / Germany